Mario Pirata

Os dois amigos

Ilustrações: Jóta e Sany

Paulinas

Era uma vez dois amigos, Mauro e Leonardo.

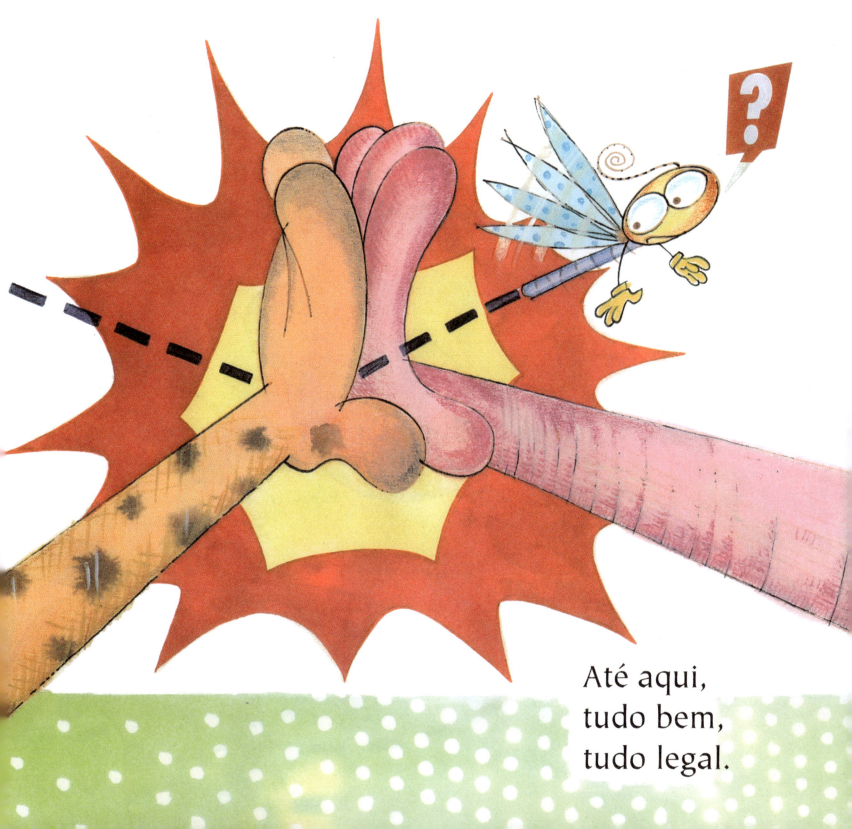

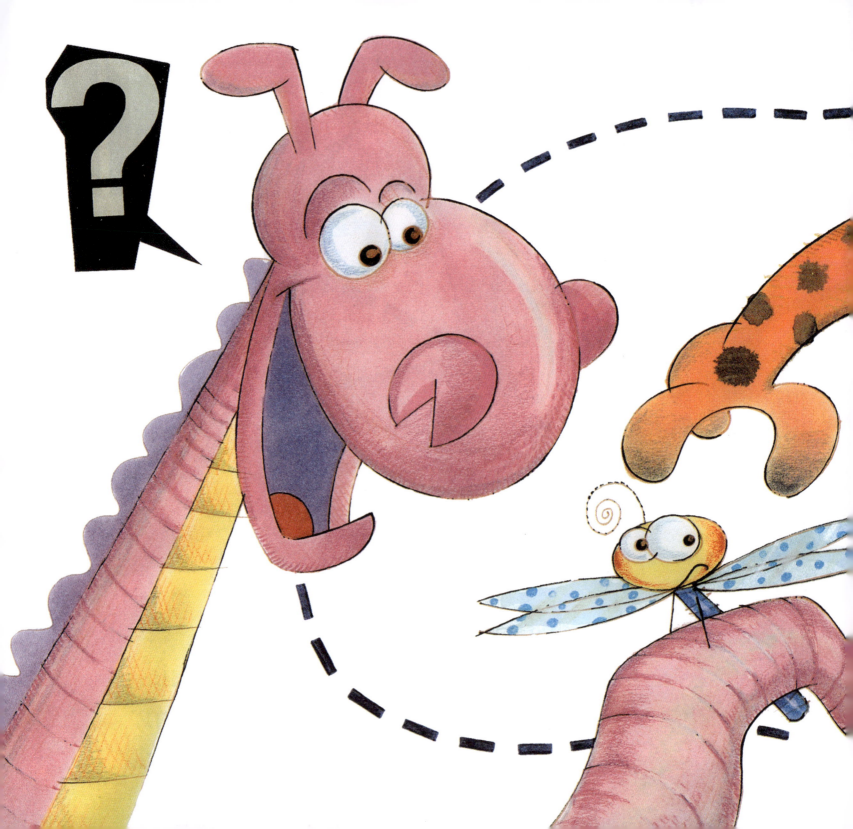

Leonardo
é um leopardo.
Mauro,
um dinossauro.

Mauro tem um irmão chamado João:
João é um dinossauro bem grandão.

Eduardo, um dia,
pisou no pé de João.
A história, sem querer,
virou confusão.

Dados Internacionais de Catalogação na Publicação (CIP)
(Câmara Brasileira do Livro, SP, Brasil)

Pirata, Mario
  Os dois amigos / Mario Pirata ; ilustrações Jóta e Sany. – 8. ed. – São Paulo : Paulinas, 2013. – (Coleção cavalo marinho. Série con-verso)

  ISBN 978-85-356-3414-3

  1. Literatura infantojuvenil I. Jóta. II. Sany. III. Título. IV. Série.

12-14774   CDD-028.5

Índices para catálogo sistemático:
  1. Literatura infantil   028.5
  2. Literatura infantojuvenil 028.5

Direção geral: *Ivani Pulga*
Direção de arte: *Irma Cipriani*
Gerente de produção: *Antonio Cestaro*
Supervisão de texto: *Maria de Lourdes Belém*
Revisão de texto: *Mônica Guimarães Reis*
Produção de arte: *David de Oliveira Lemes*

8ª edição – 2013
3ª reimpressão – 2025

Nenhuma parte desta obra poderá ser reproduzida ou transmitida por qualquer forma e/ou quaisquer meios (eletrônico ou mecânico, incluindo fotocópia e gravação) ou arquivada em qualquer sistema ou banco de dados sem permissão escrita da Editora. Direitos reservados.

Cadastre-se e receba nossas informações
paulinas.com.br
Telemarketing e SAC: 0800-7010081

Paulinas
Rua Dona Inácia Uchoa, 62
04110-020 – São Paulo – SP (Brasil)
(11) 2125-3500
editora@paulinas.com.br

© Pia Sociedade Filhas de São Paulo – São Paulo, 1996